BEI GRIN MACHT SICH IHR WISSEN BEZAHLT

AF135837

- Wir veröffentlichen Ihre Hausarbeit, Bachelor- und Masterarbeit

- Ihr eigenes eBook und Buch - weltweit in allen wichtigen Shops

- Verdienen Sie an jedem Verkauf

Jetzt bei www.GRIN.com hochladen und kostenlos publizieren

G R I N

Bibliografische Information der Deutschen Nationalbibliothek:

Die Deutsche Bibliothek verzeichnet diese Publikation in der Deutschen National-bibliografie; detaillierte bibliografische Daten sind im Internet über http://dnb.d-nb.de/ abrufbar.

Impressum:

Copyright © 2020 GRIN Verlag
Druck und Bindung: Books on Demand GmbH, Norderstedt Germany
ISBN: 9783346141958

Dieses Buch bei GRIN:

https://www.grin.com/document/535288

Sophia Bathen

Grundlagen der Psychologie. Forschungsmethoden und Berufsbilder

GRIN Verlag

Einsendeaufgaben

Einführung in die Psychologie

Alternative B

abgegeben am 21. Januar 2021

SRH Fernhochschule – The Mobile University

Modul: Einführung in die Psychologie

Studiengang: Psychologie (B. Sc.)

von

Sophia Bathen

Inhaltsverzeichnis

Abkürzungsverzeichnis

Aufl.   Auflage

bzw.   beziehungsweise

et al.   und andere

Hrsg.   Herausgeber

o. J.   ohne Jahr

S.   Seite

vgl.   vergleiche

z.B.   zum Beispiel

Abbildungsverzeichnis

1. Aufgabe B1

1.1. Qualitative und quantitative Forschung

In der angewandten Psychologie existiert eine Vielzahl an verschiedenen Forschungsmethoden, die sich in qualitative und quantitative Methoden unterteilen lassen. Sowohl die qualitative als auch die quantitative Forschung besitzen als Forschungsmethoden ihre Daseinsberechtigung und können je nach Forschungsgegenstand und Problemstellung wichtige Erkenntnisse liefern. Die beiden Forschungsmethoden sind zudem nicht trennscharf voneinander zu unterscheiden, da die Übergänge, wie beispielsweise bei Experteninterviews und Fragebögen, fließend sind. Aufgrund dessen kommt es nicht selten vor, dass qualitative und quantitative Methoden miteinander kombiniert werden („mixed methods").[1]

Qualitative Forschung meint die umfassende Analyse eines Phänomens. Das Ziel der qualitativen Forschung liegt demnach in der Erforschung unbekannter Phänomene sowie der Entwicklung neuer Theorien und Modelle, weshalb sie starke Tendenzen einer induktiven Vorgehensweise aufweist. Der Forschungsprozess erfolgt bei einer qualitativen Forschung dynamisch und anhand nicht-standardisierte Messungen, um möglichst detaillierte Informationen von der Zielgruppe des Interesses zu gewinnen. Beispiele für qualitative Forschungsmethoden sind Interviews, Inhaltsanalysen und Gruppendiskussionen.

Um quantitativ forschen zu können, müssen, anders als in der qualitativen Forschung, bereits Theorien und Modelle über den Forschungsgegenstand bestehen. Aus diesen bereits bestehenden Theorien und Modellen werden deduktiv Hypothesen abgeleitet, die anschließend im quantitativen Forschungsprozess überprüft werden. Der Forschungsprozess erfolgt bei einer quantitativen Forschung statisch und anhand standardisierter Messungen. Das Ziel der quantitativen Forschung liegt folglich in der Prüfung bereits bestehender

---

[1] Vgl. *Wolf* (1995), S. 318.

Theorien und Modelle. Beispiele für quantitative Forschungsmethoden sind Experimente und Befragungen.[2]

1.2. Wissenschaftliche Hauptgütekriterien

Die Validität ist neben der Objektivität und Reliabilität eine der Hauptgütekriterien quantitativer Forschungsmethoden und den damit verbundenen standardisierten Erhebungsverfahren.

Wenn eine psychologische Methode eine inhaltliche und Kriterien bezogene Gültigkeit besitzt, so spricht man von Validität. Die Validität einer Methode gibt also an, ob und wie gut diese für die Erfassung und Messung eines bestimmten psychologischen Konstruktes geeignet ist.

Die Objektivität eines Forschungsprogramms soll hingegen sicherstellen, dass die erhobenen Daten unabhängig vom Forschenden sind. Beispielhaft für eine unzureichende Objektivität wäre, wenn verschiedene Forscher bei der Durchführung desselben Experiments unter gleichen Bedingungen zu unterschiedlichen Ergebnissen gelängen.

Über die Reliabilität eines Forschungsprogramms wird dessen Zuverlässigkeit bzw. Genauigkeit sichergestellt. Das bedeutet, dass zum Beispiel bei der erneuten Durchführung einer Befragung dieselben Ergebnisse erzielt werden sollten. Während die Frage nach der Zufriedenheit von Patienten in einem Fragebogen wenig reliabel wäre, da Zufriedenheit unterschiedlich definiert werden kann, würde die Frage nach der Anzahl von Patienten eine hohe Reliabilität aufweisen.

Damit die Qualität eines Tests, einer Untersuchung, einem Experiment oder einer Erhebung sichergestellt ist, sollte sie alle drei beschriebenen Gütekriterien erfüllen. Die Gütekriterien Objektivität und Reliabilität bilden zudem die Grundvoraussetzung für die Validität einer quantitativen Forschungsmethode. Zum Beispiel kann eine Forschungsmethode nur dann Gültigkeit (Validität) besitzen, wenn auch dessen Zuverlässigkeit (Reliabilität) sichergestellt ist.

Im Weiteren lässt sich die Validität in interne und externe Validität kategorisieren. Dabei gibt die interne Validität an, inwieweit Störvariablen in einer Untersuchung

---

[2] Vgl. *Scheibler* (o. J.).

kontrolliert werden können. Sie ist demnach dann gegeben, wenn die Messwerte der abhängigen Variablen eindeutig auf die unabhängige Variable zurückgeführt werden können,[3] sprich, „wenn das Ergebnis einer Untersuchung eindeutig interpretierbar ist."[4] Die externe Validität gibt hingegen die Generalisierbarkeit und Repräsentativität von Untersuchungsergebnissen an. Sie ist also dann gegeben, wenn sich ein gefundenes Ergebnis auf andere Personen, Situationen oder Zeitpunkte verallgemeinern lässt,[5] sprich, sie „meint die Gültigkeit der gesamten Versuchsanordnung."[6]

Neben den Hauptgütekriterien existieren noch eine Vielzahl von Nebengütekriterien, welche allerdings nicht zwingend erfüllt werden müssen, um von einer qualitativ hochwertigen Forschungsmethode sprechen zu können. Dazu zählen unter anderem:

- Die **Ökonomie** gibt das Kosten-Nutzen-Verhältnis einer Methode an.
- Die **Nützlichkeit** betrachtet den gesellschaftlichen/wirtschaftlichen Nutzen der Ergebnisse.
- Über die **Vergleichbarkeit** lässt sich feststellen inwiefern die Ergebnisse anderen Forschungsergebnissen entsprechen.
- Die **Ehrlichkeit** ist gegeben, wenn der Forscher alle genutzten Hilfsmittel und Quellen sowie die Daten und Ergebnisse korrekt und wahrheitsgemäß angibt.
- Die **Verständlichkeit** gibt an, inwiefern der Forschende sein Vorgehen und seine Ergebnisse nachvollziehbar und gut verständlich formuliert hat.
- Die **Originalität** betrachtet, ob durch den Forschungsgegenstand neue Erkenntnisse gewonnen werden konnten.[7]

1.3. Psychologische Forschungsmethoden

Vor diesem Hintergrund lassen sich diverse psychologische Forschungsmethoden in das Spektrum interner und externer Validität einordnen.

---

[3] Vgl. *Mühlfelder* (2017a).
[4] *Sarris/Reiß* (2005), S. 204.
[5] Vgl. *Technische Universität Dresden* (2017).
[6] *Sarris/Reiß* (2005), S. 41.
[7] Vgl. *Balzert* et al. (2008); *Lienert* (1989).

Im Folgenden soll dies anhand ausgewählter Forschungsmethoden beispielhaft erfolgen.

1.3.1. Experimente

Bei psychologischen Experimenten wird zwischen Experimenten und Quasi-Experimenten unterschieden. Der Unterschied liegt vorrangig in der Zuordnung von Versuchspersonen zu der Experimental- oder Kontrollgruppe. Während in einem kontrollierten Experiment diese Zuordnung gewollt und zu gleichen Teilen erfolgt, erfolgt die Zuordnung in einem Quasi-Experiment zufällig bzw. willkürlich.

Aufgrund der unzureichenden Kontrolle von Störvariablen verfügt das Quasi-Experiment über eine geringe interne Validität. Die externe Validität ist hingegen, aufgrund der gegebenen Realbedingungen, hoch.

Das kontrollierte Feldexperiment weist hingegen eine hohe interne sowie externe Validität auf.[8]

1.3.2. Qualitative Feldstudie

Bei qualitativen Feldstudien werden Verhaltensweisen und Artefakte in einem bestimmten Setting genau und systematisch beobachtet.

Die qualitative Feldstudie verfügt, genau wie das Quasi-Experiment aufgrund der unzureichenden Kontrolle von Störvariablen über eine geringe interne Validität und aufgrund der gegebenen Realbedingungen über eine hohe externe Validität.[9]

1.3.3. Feldbeobachtung

Die Feldbeobachtung ist eine systematische Verhaltensbeobachtung, die zwischen der teilnehmenden Beobachtung, in welcher der Beobachter in das soziale System eindringt und der nicht-teilnehmenden Beobachtung, in welcher

---

[8] Vgl. *Mühlfelder* (2017a).
[9] Vgl. *Mühlfelder* (2017a).

sich der Beobachter von dem beobachteten System abgrenzt, unterschieden wird.[10]

Bei einer nicht-teilnehmenden Beobachtung versucht der Beobachter also möglichst wenig Einfluss auf das beobachtete System zu nehmen, wodurch die nicht-teilnehmende Beobachtung aufgrund der Generalisierbarkeit der Ergebnisse auf natürliche Verhältnisse über eine hohe externe Validität verfügt. Aufgrund der geringen Kontrollierbarkeit von möglichen Störvariablen und äußeren Bedingungen verfügt sie trotzdem über eine geringe interne Validität.

Bei einer teilnehmenden Beobachtung hingegen beeinflusst der Beobachter das soziale System, was eine Verringerung der internen sowie der externen Validität zur Folge hat.[11]

1.3.4. Laborexperiment

Laborexperimente, wie das bekannte Stanford-Prison-Experiment von Philip Zimbardo, gewährleisten aufgrund der gut nachzuweisenden Ursache-Wirkungsbeziehungen unter Kontrolle möglicher Störvariablen ein hohes Maß an interner Validität. Aufgrund der künstlich geschaffenen Versuchsbedingung, die nicht immer mit Realbedingungen übereinstimmen müssen, verfügen Laborexperimente allerdings über eine geringe externe Validität.[12]

1.3.5. Computersimulation

Computersimulationen, die vor allem in der KI-Forschung Nutzen finden, dienen der Simulation psychischer Prozesse durch die Modellierung neuronaler Netzwerke sowie dem Vergleich mit dem Verhalten realer Menschen. Dabei stellt die Reduktion menschlichen Erlebens und Verhaltens auf relativ simple Algorithmen allerdings ein Problem dar. Daher verfügen Computersimulationen über eine hohe interne und eine geringe externe Validität.[13]

---

[10] Vgl. *Mühlfelder* (2017b), S. 67.
[11] Vgl. *Mühlfelder* (2017a).
[12] Vgl. *Mühlfelder* (2017a).
[13] Vgl. *Mühlfelder* (2017a).

1.4. Übersicht

		Interne Validität	
		Gering	**Hoch**
Externe Validität	**Hoch**	Quasi-Experiment Qualitative Feldstudie Nicht-teilnehmende Beobachtung	Kontrolliertes Feldexperiment
	Gering	Teilnehmende Beobachtung	Laborexperiment Computersimulation

Abbildung 1: Übersicht über verschiedene psychologische
Forschungsmethoden
(Quelle: Eigene Darstellung in Anlehnung an Mühlfelder, 2017a, S. 35)

2. Aufgabe B2

2.1. Die Psychologie als Schnittmenge der Geistes-, Natur- und Sozialwissenschaften

Die Psychologie ist eine angewandte Wissenschaft, die geisteswissenschaftliche, naturwissenschaftliche und sozialwissenschaftliche Methoden und Denkweisen vereint und miteinander in Verbindung setzt. Die Übernahme naturwissenschaftlicher Forschungsmethoden, zu welchen neben der systematischen Beobachtung vor allem das Experiment zählt, hat zum Erfolg der psychologischen Forschung maßgeblich beigetragen. Das auf naturwissenschaftlichen Prinzipien aufbauende Experiment wird dabei als Methode genutzt, um menschliches Erleben und Verhalten systematisch zu beschreiben, zu erklären und vorherzusagen.[14]

2.2. Der „Königsweg" der Psychologie

Aufgrund der hochwertigen Methodik und der geltenden Gütekriterien, aber vor allem aufgrund der Erklärung von Kausalzusammenhängen, wird das zuvor erwähnte psychologische Experiment auch als „Königsweg" in der naturwissenschaftlich geprägten Psychologie verstanden. Maßgeblich verantwortlich ist dafür der Leipziger Psychologe Wilhelm Wundt (1832-1920), der als Begründer der experimentellen Psychologie gilt und welcher im Jahr 1879 an der Universität Leipzig das erste psychologische Labor gründete mit dem Anspruch, zu möglichst präzisen Aussagen über die Ursache und Wirkung psychologischer Phänomene zu gelangen. Dies gelang ihm, indem er genaue Beobachtungen und Protokollierungen der experimentellen Vorgehensweise vornahm und mögliche Störvariablen kontrollierte.[15]

Allerdings übt beispielsweise der Psychologe Norbert Groeben, welcher die Bezeichnung des Experiments als Königsweg unter rein methodologischen Gesichtspunkten als verständlich, aufgrund der „Berücksichtigung des

---

[14] Vgl. *Mühlfelder* (2017b).
[15] Vgl. *Mühlfelder* (2017a), S. 15–16.

psychologischen Gegenstands in der Methodendiskussion" allerdings als nicht rational ansieht, Kritik an dieser Betitelung.[16]

2.3. Das Psychologische Experiment

Der Begriff Experiment leitet sich von dem lateinischen Wort „experimentum", was wörtlich übersetzt so viel wie Versuch, Probe oder Beweis bedeutet, ab. Demnach ist das Experiment eine Untersuchung, bei der zuvor formulierte Aussagen systematisch auf ihren Wahrheitsgehalt überprüft und anschließend entweder bewiesen oder widerlegt werden. Dazu werden einzelne Bedingungen des Versuchsaufbaus (unabhängige Variable) aktiv manipuliert, indem sie bewusst und aktiv verändert werden, um Aufschluss über menschliche Verhaltensweisen oder mentale Prozesse (abhängige Variable) zu gewinnen. Durch diese aktive Manipulation unterscheidet sich das Experiment maßgeblich von eher passiv orientierten Verfahren, wie z.b. der reinen Beobachtung.

Die abhängige Variable ist jene Variable eines Experiments, bei der man eine Wirkung beobachten möchte. Die unabhängige Variable ist dagegen jene Variable eines Experiments, die man verändert. Sie wird aktiv und bewusst beeinflusst, um herauszufinden, ob und welcher Wirkungszusammenhang mit der abhängigen Variablen besteht. Damit die Kausalbeziehung zwischen unabhängiger und abhängiger Variable möglichst genau ist, sollten zudem etwaige Störvariablen innerhalb des Experimentes eliminiert werden, denn Störvariablen können, ebenfalls wie die unabhängige Variable die abhängige Variable beeinflussen und dadurch das Ergebnis des Experiments verfälschen. Je besser die Störvariablen kontrolliert werden können, desto höher ist also die Aussagekraft bezüglich der Wirkung der unabhängigen Variable auf die abhängige Variable. Stellt man sich zum Beispiel ein Experiment vor, in dem der Einfluss der Tageszeit auf die Konzentrationsfähigkeit gemessen werden soll, würde die Uhrzeit als unabhängige Variable die Konzentrationsfähigkeit der Versuchspersonen als abhängige Variable beeinflussen. Mögliche Störvariablen

---

[16] Vgl. *Groeben* (1986), S. 242–243.

wären beispielsweise der Konsum von Kaffee, der Motivationszustand oder die Müdigkeit.[17]

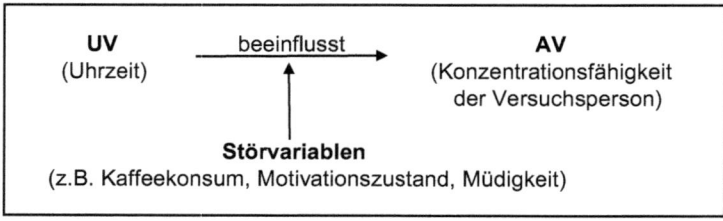

Abbildung 2: UV-AV-Schema mit Störvariablen
(Quelle: Eigene Darstellung in Anlehnung an Mühlfelder, 2017a, S. 65)

2.4. Die Vor- und Nachteile des psychologischen Experiments

Die Vorteile des psychologischen Experiments sind unter anderem, dass es sich beliebig oft wiederholen lässt und unter kontrollierten Bedingungen durchgeführt werden kann. Dies erlaubt die Kontrolle über mögliche Störgrößen zu behalten sowie die Ursache-Wirkungs-Beziehungen, durch die systematische Variation verschiedener Bedingungen zur Beurteilung der Auswirkungen auf die Messung einer oder mehrerer abhängiger Variablen, überprüfen zu können.[18] Außerdem ist es häufig möglich, sich nach Durchführung und Auswertung des Experiments - sofern es gut geplant wurde - für oder gegen eine zuvor aufgestellte Hypothese zu entscheiden.[19] Neben dieser Vorteile existieren allerdings auch eine Reihe an Nachteilen des psychologischen Experiments. Einer dieser Nachteile liegt darin, dass die Replizierbarkeit psychologischer Effekte trotz der kontrollierten Rahmenbedingungen eher gering ist und meist noch zahlreiche Alternativerklärungen, auf die sich die gefundenen Effekte zurückführen lassen, existieren. Das lässt sich z.B. mithilfe des sogenannten „file drawer problem" erklären, welches besagt, dass beispielsweise ähnlichen Experimente mit derselben Fragestellung, bei denen allerdings keine Effekte gefunden werden konnten, nicht publiziert werden, sondern in der Schreibtischschublade verschwinden. Dies hat folglich eine Verzerrung der geschätzten Effektgröße zur

---

[17] Vgl. *Stangl* (2020); *e-teaching.org* (o. J.).
[18] Vgl. *Mühlfelder* (2017b).
[19] Vgl. *Trautner* (1997).

Folge.[20] Außerdem finden Experimente unter künstlichen Laborbedingungen und meist zeitlichen Komprimierungen statt, wodurch beispielsweise nicht zwingend sichergestellt werden kann, dass sich die Ergebnisse eines halbstündigen Lernexperiments mit vergüteten Versuchspersonen auf längerfristige Lernprozesse im Vorfeld von Prüfungen übertragen lassen; sprich, dass sich, im Allgemeinen, die im Labor gewonnenen Erkenntnisse nicht immer auf andere Lebensbereiche übertragen lassen. Des Weiteren sind bestimmte Variablen (z.B. Alter oder Geschlecht) nicht experimentell manipulierbar, sondern lediglich als Drittvariable erfassbar, was sich als problematisch darstellt, da beispielsweise in der Entwicklungspsychologie das Alter eine entscheidende Rolle spielt. Nicht zuletzt unterliegt das psychologische Experiment ethischen Grenzen, welche die beliebige Durchführung experimenteller Variationen (z.B. einem Kind über einen längeren Zeitraum jeglichen Sozialkontakt zu entziehen, um daraus von dem Umwelteinfluss auf die spätere soziale Entwicklung schließen zu können) unterbinden.[21]

Doch selbstverständlich gibt es auch bei anderen sozialwissenschaftlichen Methoden eine Reihe an Vor- und Nachteilen. Im Folgenden soll dafür exemplarisch die systematischen Feldbeobachtung herangezogen werden.

Bei der systematischen Feldbeobachtung, bei welcher der Forscher entweder in das beobachtete soziale System eindringt (teilnehmende Beobachtung) oder sich von ihm abgrenzt (nicht teilnehmende Beobachtung), wird das Verhalten von Menschen in ihrem natürlichen Lebensumfeld (z.B. am Arbeitsplatz oder in der Familie) systematisch betrachtet, um aus den Beobachtungen Rückschlüsse auf die psychischen Prozesse zu gewinnen. Ihr größter Vorteil liegt in der ökologischen Validität, da der Untersuchungsgegenstand, anders als im psychologischen Experiment, in seiner natürlichen Umgebung belassen wird und die Befunde dadurch unmittelbare Gültigkeit für das ökologische Setting besitzen. Außerdem wird das Verhalten der Probanden zu dem Zeitpunkt erfasst, zu dem es sich ereignet. Das bedeutet, dass sich auch komplexe soziale Interaktionen, die sich sonst von den Probanden rückwirkend nur schwer verbalisieren lassen, beobachten lassen. Ebenfalls kann die systematische Feldbeobachtung mehrere

---

[20] Vgl. *Mühlfelder* (2017b), S. 31.
[21] Vgl. *Mühlfelder* (2017b); *Trautner* (1997).

komplexe Verhaltensweisen von verschiedenen Personen über einen längeren Zeitraum gleichzeitig feststellen. Ein weiterer Vorteil ist, dass die aktive Mitarbeit der Probanden in einem geringerem Maße als beispielsweise beim psychologischen Experiment erforderlich ist. Nicht zuletzt kann es vorteilhaft sein, dass keine bestimmten sprachlichen Fähigkeiten der Probanden erforderlich sind.[22]

Doch auch die Nachteile der systematischen Feldbeobachtungen sind zahlreich. Nachteilig kann sich beispielsweise der sogenannte Rosenthal-Effekt (auch Pygmalion-Effekt) auswirken, bei welchem durch die Erwartung des Forschers gegenüber den Probanden eine Verzerrung der Forschungsergebnisse verursacht.[23] Sprich, wenn der Forscher zu sehr in das Feld eindringt, übt er dadurch bereits Störeinflüsse aus, die sich nachteilig auf den eigentlichen vorteilhaften Aspekt, nämlich die ökologische Validität, auswirken.[24] In diesem Zusammenhang ist ebenfalls der Hawthorne-Effekt zu nennen, nach welchem es, allein aus dem Wissen heraus beobachtet zu werden und Teilnehmer einer Untersuchung zu sein, zu einer Veränderung des natürlichen Verhaltens der Probanden kommen kann.[25] Außerdem kann das subjektive Erleben der Probanden nicht beobachtbar werden; es kann also lediglich durch das Beobachten erschlossen oder durch anderen Methoden der Datenerhebung in Erfahrung gebracht werden.[26] Des Weiteren benötigt der Forscher unterschiedliche Fähigkeiten im Bereich der Wahrnehmung und Beurteilung sowie in der Verschlüsselung und Aufzeichnung von Ereignissen, da er in der systematischen Feldbeobachtung die Rolle des Messinstrumentes einnimmt und dabei verschiedene Beobachtungs- und Beurteilungsfehler begehen kann. Außerdem ist die Konstruktion, Durchführung und Auswertung von systematischen Feldbeobachtungen mit einem hohen Aufwand verbunden und sie müssen, ebenso wie die psychologischen Experimente, dahingehend geprüft werden, inwieweit die gefundenen Ergebnisse auf andere Situationen und

---

[22] Vgl. *Mühlfelder* (2017b); *Trautner* (1997).
[23] Vgl. *Rosenthal/Jacobson* (1976).
[24] Vgl. *Mühlfelder* (2017b).
[25] Vgl. *Stapf* (o. J.).
[26] Vgl. *Berk/Aralikatti* (2005).

Populationen übertragbar sind. Nicht zuletzt sind bestimmte Verhaltensweisen (z.B. familiäre Auseinandersetzungen) nur selten beobachtbar.[27]

Abschließend lässt sich festhalten, dass sich, je nach Untersuchungsgegenstand und Problemstellung, die Eignung einer bestimmten Forschungsmethode ändern kann. Die Psychologie als Wissenschaft hat den naturwissenschaftlichen Methoden eine Vielzahl an Erkenntnissen zu verdanken. Trotz dessen sollte in dem Kontext, dass menschliches Erleben subjektiv ist, eine grundsätzliche Offenheit gegenüber verschiedenen Forschungsmethoden und Perspektiven gegeben sein.

---

[27] Vgl. *Trautner* (1997); *Mühlfelder* (2017b).

3. Aufgabe B3

3.1. Psychologische Grundlagen- und Anwendungsfächer

Innerhalb der an Hochschulen gelehrten Psychologie existieren eine Reihe an Teildisziplinen, welche sich in psychologische Grundlagen- und Anwendungsfächer unterteilen lassen. Auch die Lehre von Methodenfächern (z.B. Statistik, Forschungsmethoden, Psychologische Diagnostik) gehört zu dem Studium der Psychologie.[28] Im Folgenden soll allerdings lediglich auf die aufgabenrelevanten Grundlagen- und Anwendungsfächer eingegangen werden.

3.1.1. Psychologische Grundlagenfächer

Durch die Lehre psychologischer Grundlagenfächer, die sich mit wichtigen Prinzipien des menschlichen Verhaltens auseinandersetzen, wird das Fundament für das Studium der Psychologie gebildet.

Die **allgemeine Psychologie** legt den Grundstein für die Anwendung aller weiteren psychologischen Teilgebiete und beschäftigt sich dabei mit den grundlegenden Gesetzmäßigkeiten (z.B. Wahrnehmung, Kognition, Emotion, Motivation), welche alle Menschen gemeinsam haben, sprich, welche über eine Allgemeingültigkeit verfügen.

Die **differentielle bzw. Persönlichkeitspsychologie** beschäftigt sich im Gegensatz dazu mit dem, was uns unterscheidet, also den individuellen Unterschieden in unserem Erleben und Verhalten sowie deren Ursachen und Wechselwirkungen zwischen situativen Merkmalen und Persönlichkeitsmerkmalen.

Gegenstand der **Entwicklungspsychologie** ist die Untersuchung der psychischen Veränderungen und Entwicklung eines Menschen von seiner Zeugung bis zu seinem Tod, um daraus allgemeingültige Gesetzmäßigkeiten und Regeln für eine gesunde psychische Entwicklung über die gesamte Lebensspanne hinweg zu formulieren.

---

[28] Vgl. *Mühlfelder* (2017a), S. 21–22.

Die **Sozialpsychologie** untersucht anhand von beispielsweise Stereotypen, Diskriminierungen, Gruppendynamiken oder dem eigenen Selbstwert die Auswirkungen von sozialen Beziehungen auf das Erleben und Verhalten eines Individuums, um daraus „allgemeine Gesetzmäßigkeiten über die Verarbeitung sozialer Reize und das pro- bzw. antisoziale Verhalten von Menschen"[29] abzuleiten.

Die **biologische Psychologie** widmet sich biologischen und physiologischen Grundlagen, die sich sowohl auf das Erleben als auch auf das Verhalten eines Individuums auswirken können.[30]

3.1.2. Psychologische Anwendungsfächer

Die zuvor genannten Grundlagenfächer dienen dem praktischen Gebrauch der Psychologie in verschiedensten Anwendungsfächern.

Die **klinische Psychologie** befasst sich mit der Entstehung, dem Verlauf sowie der Behandlung und Prävention psychischer Störungen. Außerdem entwickelt und prüft sie verschiedene Diagnostik- und Klassifikationsverfahren sowie Therapiemöglichkeiten für bestimmte Störungsbilder.

Die **Arbeits-, Organisations- und Wirtschaftspsychologie** beschäftigt sich einerseits mit dem Zusammenhang von Arbeitsbedingungen, Arbeitstätigkeiten und Arbeitsformen sowie mit dem subjektiven Erleben und Verhalten von Menschen im ökonomischen Umfeld andererseits. Außerdem überträgt sie psychologische Erkenntnisse auf wirtschaftliche Fragestellungen (z.B. die der Personalauswahl).

Die **pädagogische Psychologie** findet ihre Anwendung in jeglichen Formen von Erziehung und Unterricht vom Kindergarten bis hin zur Erwachsenenbildung und erklärt beispielsweise wie Lernen funktioniert oder wie Kinder mit Lernschwächen gefördert werden können.

---

[29] *Mühlfelder* (2017a), S. 31.
[30] Vgl. *DGPs - Deutsche Gesellschaft für Psychologie* (2019), S. 22–34; *Mühlfelder* (2017a), S. 22–34.

Die **Gesundheitspsychologie** untersucht, wie mit psychologischen Maßnahmen Gesundheit gefördert und erhalten werden kann und wie Heilung und Rehabilitation unterstützt werden können.

Die **Rechtspsychologie** befasst sich mit der Anwendung psychologischer Theorien, Methoden und Erkenntnisse auf das Rechtswesen. Sie soll also Antworten zu rechtlichen Fragen (z.B. Glaubhaftigkeitsbeurteilungen) geben, aber auch das Rechtssystem an sich (z.B. wann ein Strafverfahren als gerecht angesehen wird) betrachten.

In der **Umweltpsychologie** geht es um die Beziehung und Wechselwirkung von Mensch und natürlicher sowie vom Mensch geschaffener Umwelt (z.B. Gebäude oder kulturelle Umfelder). Außerdem sollen Fragen der Globalisierung und nachhaltigen Entwicklung durch die Umweltpsychologie geklärt werden.

Die **Medienpsychologie** beschäftigt sich mit menschlichem Erleben und Verhalten im Umgang mit Medien, also beispielsweise wie und warum Menschen Medien nutzen und wie sich Medien auf die Menschen auswirken.

Die **Sportpsychologie** untersucht den psychischen Anteil am (Leistungs-)Sport (z.B. bei dem Umgang mit Leistungsdruck von Athleten) und beschäftigt sich mit den Effekten von Sport auf die psychische Gesundheit.[31]

3.2. Psychologische Berufstätigkeiten

In der Öffentlichkeit werden Psychologen immer noch häufig mit psychologischen Psychotherapeuten gleichgesetzt. Diese sind allerdings lediglich ein Teil des vielfältigen beruflichen Spektrums psychologischer Berufstätigkeit, welches sich zunehmend ausdifferenziert und dadurch eine Reihe an unterschiedlichsten beruflichen Möglichkeiten bietet.

Im Folgenden soll eine Darstellung dieser unterschiedlichen psychologischen Tätigkeiten beispielhaft anhand von drei verschiedenen Berufsbildern erfolgen. Außerdem soll betrachtet werden, wie sich die zuvor dargestellten Grundlagen- und Anwendungsfächer in diesen Berufsbildern widerspiegeln.

---

[31] Vgl. *DGPs - Deutsche Gesellschaft für Psychologie* (2019), S. 37–62; *Mühlfelder* (2017a), S. 37–62.

3.2.1. Rechtspsychologe

Rechtspsychologen arbeiten an der Schnittstelle zwischen Psychologie und Recht. Dabei unterteilt sich die Rechtspsychologie in die forensische Psychologie und die Kriminalpsychologie. Aufgrund dessen lässt sich von dem Berufsbild des Rechtspsychologen nur schwer auf ein konkretes Tätigkeitsprofil schließen.

Arbeiten Rechtspsychologen zum Beispiel als forensische Psychologen sind sie häufig im Auftrag von Gerichten und Staatsanwaltschaften in verschiedenen Rechtsbereichen tätig. Dazu zählen unter anderem:

- Das Familienrecht (z.B. Erstellen von Gutachten zu Sorge- und Umgangsrecht),
- das Strafrecht (z.B. Erstellen von Gutachten zur Glaubhaftigkeit, Schuldfähigkeit oder strafrechtlichen Verantwortung),
- das Sozialrecht (z.B. Erstellen von Gutachten zur Arbeitsunfähigkeit),
- das Verwaltungsrecht (z.B. Erstellen von Gutachten im Beamtenbereich) oder
- das Transsexuellengesetz.

Zudem können sie bei waffenrechtlichen Fragestellungen und Asylverfahren beratend oder als Gutachter tätig sein.

Als Kriminalpsychologen arbeiten Rechtspsychologen hingegen bei der Polizei (z.B. in der psychologischen Einsatz- und Ermittlungsunterstützung oder in der operativen Fallanalyse („Profiling")) oder im Strafvollzug (z.B. in der psychologischen Behandlung von Inhaftierten). Außerdem untersuchen sie die Entstehung sowie die Erscheinungsformen, den Verlauf und die Präventionsmöglichkeiten von Kriminalität und befassen sich mit dem Opferschutz.[32]

Für die Ausübung des Berufs als Rechtspsychologe ist eine Reihe von Grundlagen- und Anwendungsfächer von Nutzen. Von den Grundlagenfächern werden unter anderem Kenntnisse der Persönlichkeitspsychologie für das

---

[32] Vgl. *Berufsverband Deutscher Psychologinnen und Psychologen (BDP) e.V.* (2018), S. 23–24.

Transsexuellengesetz (z.B. die Namensänderung eines Transsexuellen), für den Bereich des Strafrecht (wenn es beispielsweise um das Erstellen eines Gutachtens zur Schuldfähigkeit geht) oder für den Bereich des Verwaltungsrechts (um z.B. ein Gutachten im Beamtenbereich zu erstellen) benötigt. Außerdem können Kenntnisse der Persönlichkeitspsychologie für das „Profiling" von Nutzen sein. Kenntnisse in der Entwicklungspsychologie werden hingegen beispielsweise benötigt, wenn im Familienrecht ein Gutachten zum Sorge- oder Umgangsrecht erstellt werden soll. Kenntnisse in der Sozialpsychologie sind z.B. im Strafrecht bei der Erstellung von Gutachten zur strafrechtlichen Verantwortung nützlich. Auch Kenntnisse der biologischen Psychologie können sich beispielsweise im Sozialrecht bei der Erstellung von Gutachten zur Arbeitsunfähigkeit positiv auswirken.

Zudem sollte ein Rechtspsychologe in seiner Tätigkeit auf Kenntnisse verschiedener Anwendungsfächer zurückgreifen können. So sind Kenntnisse in der Rechtspsychologie für einen Rechtspsychologen nahezu unabdingbar. Doch auch Kenntnisse in der klinischen Psychologie werden beispielsweise für das Transsexuellengesetz, das Strafrecht, das Sozialrecht, das Verwaltungsrecht, oder z.B. für die psychologische Behandlung von Inhaftierten im Strafvollzug benötigt. Kenntnisse der Arbeits-, Organisations- und Wirtschaftspsychologie werden unter anderem bei der Erstellung von Gutachten zur Arbeitsunfähigkeit im Sozialrecht benötigt. Nicht zuletzt findet ebenfalls die Gesundheitspsychologie in der Erstellung von Gutachten zur Arbeitsunfähigkeit im Sozialrecht praktische Anwendung.

3.2.2. Psychologischer Psychotherapeut

Psychologische Psychotherapeuten arbeiten im Bereich der Klinischen Psychologie. Sie beraten und behandeln Menschen aller Altersgruppen mit psychischen Erkrankungen (z.B. Depressionen, Angst- und Zwangsstörungen, Persönlichkeitsstörungen oder Schizophrenie). Außerdem diagnostizieren sie psychische Störungen und planen, dokumentieren und beantragen die dazugehörigen Therapien. Dabei arbeiten sie entweder selbstständig in eigenen Praxen oder in interdisziplinären Teams in unterschiedlichen

Versorgungssettings (ambulant, teilstationär oder stationär), wie beispielsweise in Krankenhäusern, Reha-Zentren oder Psychosomatischen Kliniken.[33]

Die im Psychologiestudium erlernten Grundlagen- und Anwendungsfächer finden in der Ausübung als Psychologischer Psychotherapeut an verschiedenen Stellen Anwendung. So werden für die Beratung und Behandlung psychisch kranker Menschen sowie der Diagnose psychischer Erkrankungen Kenntnisse der Grundlagenfächer Persönlichkeitspsychologie (um die Ursache und Wechselwirkung von individuellen Unterschieden in Situations- und Persönlichkeitsmerkmalen zu verstehen), Entwicklungspsychologie (um etwaige Abweichungen von den allgemeingültigen Regeln für eine gesunde psychische Entwicklung zu erkennen), Sozialpsychologie (um zu verstehen, wie sich soziale Beziehungen auf das Erleben und Verhalten des psychisch Kranken auswirken) und biologische Psychologie (ohne die das Wissen über die Auswirkung von Biologie und Physiologie auf das Verhalten eines Individuums fehlen würde) benötigt.

Daneben sind auch eine Reihe von Anwendungsfächerns notwendig, um als Psychologischer Psychotherapeut tätig zu sein. Dazu zählt augenscheinlich die Klinische Psychologie. Aber auch Kenntnisse in der Arbeitspsychologie (wenn beispielsweise der Zusammenhang von Arbeitsbedingungen oder -tätigkeiten auf das Auftreten des Burnout-Syndroms untersucht werden soll), der Gesundheitspsychologie (mithilfe derer z.B. psychische Gesundheit gefördert und erhalten werden kann) oder der Medienpsychologie (welche beispielsweise den Einfluss neuer Medien auf psychische Erkrankungen untersucht) können nützlich für die Ausübung einer Tätigkeit als Psychologischer Psychotherapeut sein.

3.2.3. Sportpsychologe

Sportpsychologen befassen sich mit Gesundheits- und Leistungssport. Während Sport beim Gesundheitssport als Mittel psychologischer Interventionen fungiert, geht es beim Leistungssport um die Verbesserung, Stabilisierung und Wiederherstellung der Leistungsvoraussetzung von Sportlern sowie deren

---

[33] Vgl. *Berufsverband Deutscher Psychologinnen und Psychologen (BDP) e.V.* (2018), S. 22.

Umfeld in Training und Wettkampf. Die Aufgaben von Sportpsychologen sind demnach sehr vielfältig und richten sich beispielsweise an Profisportler, Trainer, Schiedsrichter, Führungskräfte und Freizeitsportler und liegen unter anderem in der

- Sportlerberatung (z.B. Begleitung von Athleten in Krisensituationen wie beispielsweise Sportverletzungen oder Unterstützung bei der Karrieregestaltung nach dem Profisport),
- Entwicklung von Trainingsformen,
- Aus- und Weiterbildung von Trainern,
- Teamentwicklung,
- Optimierung von Organisationsstrukturen und -abläufen,
- Optimierung von Lern- und Lehrprozessen im motorischen Lernen oder in der
- Diagnostik.[34]

Auch bei einer Tätigkeit als Sportpsychologe kommen verschiedene Grundlagen- und Anwendungsfächer zur Geltung. So werden von den Grundlagenfächern die Persönlichkeitspsychologie (z.B. um Athleten individuell in Krisensituationen zu begleiten), die Entwicklungspsychologie (z.B. zur Förderung des motorischen Lernens oder in der Entwicklung von Trainingsformen in unterschiedlichen Altersklassen), die Sozialpsychologie (z.B. für die Teamentwicklung) sowie die biologische Psychologie (z.B. zur Diagnostik) benötigt.

Nützliche Anwendungsfächer für die Ausübung des Berufes des Sportpsychologen sind die Arbeits-, Organisations- und Wirtschaftspsychologie (z.B. für die Optimierung von Organisationsstrukturen und -abläufen), die pädagogische Psychologie (z.B. für die Optimierung von Lern- und Lehrprozessen im motorischen Lernen), die Gesundheitspsychologie (z.B. in der Begleitung und Rehabilitation von Athleten während und nach Sportverletzungen) und natürlich die Sportpsychologie.

---

[34] Vgl. *Berufsverband Deutscher Psychologinnen und Psychologen (BDP) e.V.* (2018), S. 27–28.

Literaturverzeichnis

Balzert, H./Schäfer, C./Schröder, M./Kern, U./Bendisch, R./Zeppenfeld, K. (2008), Wissenschaftliches Arbeiten. Wissenschaft, Quellen, Artefakte, Organisation, Präsentation, Herdecke.

Berk, L. E./Aralikatti, E. (2005), Entwicklungspsychologie, 3. Aufl., München.

Berufsverband Deutscher Psychologinnen und Psychologen (BDP) e.V. (2018), Berufsbild Psychologie. Psychologische Tätigkeitsfelder, in: https://www.bdp-verband.de/binaries/content/assets/beruf/berufsbild/bdp-berufsbild2018.pdf.

DGPs - Deutsche Gesellschaft für Psychologie (2019), Psychologiestudium - Aufbau, in: https://studium.dgps.de/infos-zum-studium/faecher-im-psychologie-studium/, abgerufen am 21. 1. 2020.

e-teaching.org (o. J.), Was ist ein Experiment?, in: https://www.e-teaching.org/didaktik/qualitaet/experiment, abgerufen am 13. 1. 2020.

Groeben, N. (1986), Handeln, Tun, Verhalten als Einheiten einer verstehend-erklärenden Psychologie. Wissenschaftstheoretischer Überblick und Programmentwurf zur Integration von Hermeneutik und Empirismus, Tübingen.

Lienert, G. A. (1989), Testaufbau und Testanalyse, München.

Mühlfelder, M. (2017a), Einführung in die Psychologie, Studienbrief, Riedlingen.

Mühlfelder, M. (2017b), Psychologie studieren an der SRH Fernhochschule - The Mobile University, Studienbrief, Riedlingen.

Rosenthal, R./Jacobson, L. (1976), Pygmalion im Unterricht. Lehrererwartungen und Intelligenzentwicklung der Schüler, 3. Aufl., Weinheim.

Sarris, V./Reiß, S. (2005), Kurzer Leitfaden der Experimentalpsychologie, München.

Scheibler, P. (o. J.), Qualitative versus quantitative Forschung, in: https://studi-lektor.de/tipps/qualitative-forschung/qualitative-quantitative-forschung.html, abgerufen am 13. 1. 2020.

Stangl, W. (2020), Experiment, in: https://lexikon.stangl.eu/3447/experiment/.

Stapf, K.-H. (o. J.), Hawthorne-Effekt, in: https://portal.hogrefe.com/dorsch/hawthorne-effekt/, abgerufen am 15. 1. 2020.

Technische Universität Dresden (2017), Externe Validität, in: https://methpsy.elearning.psych.tu-dresden.de/mediawiki/index.php/Externe_Validit%C3%A4t.

Trautner, H. M. (1997), Lehrbuch der Entwicklungspsychologie. Band 2: Theorien und Befunde, 2. Aufl., Göttingen.

Wolf, W. (1995), Qualitative versus quantitative Forschung. In: *König, E./Zedler, P.* (Hrsg.), Bilanz qualitativer Forschung, Weinheim, S. 309–329.